Welcome to our HappyStoryGarden!

Copyright © 2024 by Viktoriia Harwood

All rights reserved.

No part of this book may be reproduced in any form or by any electronic or mechanical means, including information storage and retrieval systems, without written permission from the author, except for the use of brief quotations in a book review.

2024

Виктория Харвуд

Книга 2

Монстр виноват

Монстры в этой книге:

1. Зеркальный Монстр
2. Монстр Каляка-Маляка
3. Монстр Капризов
4. Монстр Падающих Чашек
5. Монстр Углов
6. Чердачный Монстр
7. Монстр Завистник
8. Монстр Оборотень
9. Монстр Рукавов
10. Монстр Незнайка
11. Монстр Луж
12. Монстр Грохота

13. Монстр Шнурков
14. Цветочный Монстр
15. Монстр Обжора
16. Монстр Попрошайка
17. Монстр Драчун
18. Монстр Скуки
19. Монстр Обид
20. Монстр Нехочуха
21. Монстр Приоткрытых дверей

Я очень рада, что тебе понравились монстры из первой книги этой серии.

Из нее ты много узнал об этих удивительных существах.

Они действительно живут среди людей.

А где же им еще быть?

Тебе уже понятно, что именно монстры портят нам настроение, любят пугать и наводить страх.

Мои помощники с радостью объяснят: стоит ли бояться монстров, как можно их приручить, а некоторых монстров, так совсем прогнать из дома!

И как?

Смог ты подружиться с ними или хотя бы с несколькими из них?

Ты действительно пробовал приручить их?

Тогда, ты большой молодец! Я горжусь тобой!

В этой, второй книге, мои друзья познакомят тебя и с другими монстрами.

Мы боимся того, что не понимаем или не знаем, а познакомившись с монстром, ты будешь знать, на что он способен. И станешь смелее!

Да! Ты можешь узнать кто из них, кто! Большое достижение!

Монстры волшебные существа, они шкодливые и веселые, если, конечно, не считать Монстра Плаксу или Монстра Крикуна.

Уверена, ты справишься и с этими тоже.

Я открою тебе секрет всех монстров на свете!

Больше всего на свете любой монстр опасается, что его вдруг не заметят. А что еще хуже для него, перестанут бояться.

Теперь и ты знаешь их самый главный секрет!

Все они большие хитрецы, любят притворяться, прятаться и шутить, им нельзя доверять.

Так что придется тебе ловить этих монстров одного за другим и не давать им заниматься их плохими делами.

Я расскажу, как это сделать, а все остальное зависит от тебя!

И так, ты готов к встрече с новыми монстрами из этой книги? Я думаю, что с некоторыми из этих монстров можно и подружиться, не все они плохие.

Впрочем думай сам, тебе решать.

Тогда начнем!

Галлерея Монстров

Монстра отражений можно найти на любой отражающей поверхности.

Да-да, это так.

Ты наверно замечал, а если нет, то проверь, поищи свое отражение на блестящем боку кастрюли.

Я уверена, ты улыбнешься!

Отражение будет смешным и совсем непохожим на тебя!

Это шутки ехидного красавца, по имени Зеркальный Монстр. Трудно себя узнать, правда?

Отражение расплывается и меняет свои очертания.

Избавиться от такого монстра сложно, он прячется в отражениях и вытащить его оттуда невозможно.

зеркальный Монстр

Монстр Каляка-Маляка

Например, мама купила тебе цветные карандаши или краски, или фломастеры. Ты сидишь, задумался, надо нарисовать что-то интересное, хочется, чтобы оно было особенным.

Каляка-Маляка тут как тут. Смотришь, а на бумаге кляксы или разводы, или черканье карандашом.

Это Каляка-Маляка шепчет на ухо: зачем тебе рисовать, води карандашом по бумаге туда-сюда, а вдруг само получится!

Нехороший такой совет.

Не слушай его!

Нарисуй солнце или цветок с разноцветными лепестками, порадуй маму или папу.

Каляка-Маляка сразу растает.

С этим монстром знакомы не только дети, но и некоторые взрослые, бывает и они попадают под его влияние.

Ты замечал, иногда очень хочется покапризничать, хочется настаивать на своем, и даже обижаться по самым разным пустякам?

Знай, никто не хочет слушать твои капризы, все люди любят разговаривать спокойным голосом.

Этот монстр недолговечный, он живет всего несколко минут, а потом тает.

Тут надо перетерпеть эти несколько минут, хотя можно конечно дать волю этому монстру, но зачем? Потом бывает стыдно... да и мама с папой могут рассердиться...

Монстр Капризов

Монстр падающих чашек

О! Это очень знаменитый монстр и его многие знают.

Стоит только поставить чашку или стакан недалеко от края стола, все, этот негодяй тут как тут!

Твой локоть обязательно смахнет чашку на пол.

Я знакома с этим монстром, и ничего не ставлю на край стола, слежу за этим.

А ты?

Этот монстр дружит с Сумеречным монстром, они большие друзья.

Как только начинает смеркаться, в пустых углах тихо хихикают постукивают и шепчутся Сумеречный и Угловой монстры.

Бояться их не стоит, они абсолютно безобидные.

Монстр углов

чердачный Монстр

Этот монстр знаком всем, у кого есть чердак или мансарда.

В любое время дня он шуршит или скребется.

Ночью это лучше слышно, поэтому все думают, что этот монстр появляется только по ночам, уверяю тебя это не так.

Ему очень нравится внимание.

чуть постучав, он прислушивается, обратил ли кто внимание на его стук.

Я сама много раз удивлялась, кто это может быть там, на чердаке, а потом поняла, что это Чердачный Монстр.

Если ты постучишь или поскребешь стену в ответ, он надолго умолкнет, очень довольный собой!

Этот монстр считается нехорошим.

Как-то некрасиво кому-то завидовать, злиться, что у другого есть особенная вещь, которую ты тоже хочешь.

А вот подойти и честно сказать, что тебе нравится прическа подружки, или его игрушка, или новая рубашка, платье, машинка, игра, можно и нужно.

Твоим друзьям будет приятно это услышать.

А сам ты заметишь, что вредный монстр, который мог испортить тебе настроение, испарился.

Монстр завистник

Монстр Оборотень

Я назвала его так, потому что это чудище умеет менять твое настроение, то есть вдруг настроение испортилось и все тут, и ты не знаешь почему.

Мама спрашивает: «Что случилось?», а ты и не знаешь, что ответить.

Мой совет, быстро сьешь что-то вкусное, можно конфету или ложечку мороженого.

Уверяю, это быстро поднимет тебе настроение, а проотивный монстр исчезнет.

Монстр Рукавов, самый смешной монстр из этого списка.

Никогда не сердись, если не можешь попасть в рукав, когда надеваешь куртку или рубашку.

Это все его проделки.

Стоит тебе рассмеяться, монстр пропадет, и все получится.

Монстр Рукавов

Монстр Незнайка

Этот монстр немного странный. На любой вопрос, он заставляет тебя ответить: «Не знаю!»

Быть правдивым хорошо!

Хотя в некоторых случаях лучше задуматься.

Если не знаешь, можно спросить, если потерял, можно помочь найти, если не понимаешь слово, можно найти в интернете, что оно означает.

Тут все зависит от обстоятельств.

Можно не знать что-то, но ведь можно и узнать!

И твой мир станет еще богаче, ярче, добрее, интереснее.

Этот Монстр живет в лужах.

Вот так.

Он всегда там, стоит только появиться луже где-нибудь, знай, в ней уже есть житель.

Монстр притаился и ждет, когда кто-нибудь заглянет в его лужу.

Это может быть необязательно человек, может быть собака или жук.

Он рад любому существу. Заглядывай в лужи, может и ты увидишь его глаза.

Этот монстр абсолютно безобиден.

Монстр Луж

Монстр Грохота

Этот бесшабашный красавец любит шум, любой! Главное, чтобы было очень громко.

Его любимое время, когда за окном гремит гром.

Так как это бывает нечасто, его радуют: барабаны, упавшая кастрюля или стул, крики без причины, звуки дрели, стук молотка или пилы, и много еще чего.

Если дома у тебя нет барабана и кастрюли не гремят, значит монстр сейчас в той квартире или доме, где идет ремонт.

Он большой провокатор – этот грохочущий монстр и очень энергичный, никогда не сидит на одном месте!

Этот Монстр из семейства тех, кто любит мешать людям сделать то, что нужно. Например, зашнуровать шнурки, ловко завязать из них узелок-бабочку.

Я знаю одного взрослого мужчину, он из-за этого монстра выбросил все шнурки и заменил их резинками. Так он его раздражал с самого детства.

Мой совет, начинаешь завязывать шнурки, думай о том, что идешь гулять, и не поддавайся Монстру Шнурков.

В один день ты будешь завязывать шнурки автоматически, монстр этого не любит.

Монстр Шнурков

Цветочный Монстр

Цветочный Монстр водится в цветах, и дружит с Монстром запахов.

Каждый цветок, даже самый крошечный имеет свой аромат. И если ты понюхал цветок, а он не пахнет, тут ясно сразу, проделки этого монстра.

Улыбнись и скажи цветку что он очень красивый.

Все любят комплименты и хорошие слова.

Думаю цветок избавится от монстра, и подарит тебе удовольствие нежнейшего аромата.

Монстр обжора насылает желания съесть этот кусочек, и вон то пирожное, вон ту конфету, еще одну. Он называет это словом „попробовать".

Это чудище не знает меры ни в чем. Именно он напоминает самыми разными способами, что хорошо бы съесть это печенье, яблоко или шоколадку, даже если ты только что пообедал и совсем не голодный.

Чтобы избавиться от Монстра Обжоры есть небольшое правило: не есть ничего в перерывах между завтраком и обедом, и между чаем и ужином и после ужина тоже держаться и даже маленького кусочка не надо есть.

Сама пробовала избавиться от этого чудища и у меня получилось, хотя было совсем непросто.

Думаю справишься и ты.

Монстр Обжора

Монстр Попрошайка

Монстр Попрошайка любит слово «Дай!»

Увидит мальчик или девочка что-то интересное у друга и сразу монстр тут как тут: «Дай мне!»

Этот монстр не хочет слышать ни о каких причинах, не идет на уступки, ему хочется все на свете и сразу. Очень приставучий Монстр.

Придется тебе научиться его отлавливать и приструнивать, если ты с ним уже знаком.

А если не знаком, то ты большой молодец.

Этот монстр очень вспыльчивый, да еще и грубиян.

Он тут как тут, если тебе что-то не нравится.

Это он шепчет тебе на ухо: «Стукни стукни, тогда он замолчит!»

Драться нужно только в самом крайнем случае, лучше попытаться договориться с обидчиком.

Например, обьяснить, что тебе это не нравится, и если это не сработает и монстр обидчика сильнее, можно убежать, а можно и ответить вредному.

Монстр подскажет.

Монстр Драчун

Монстр Скуки

Не нравится мне этот монстр, хотя говорят что он очень талантливый.

Он помогает людям, пока они скучают, развивать новые интересные идеи, это да.

Поскучать можно, а вот волю этому монстру не стоит давать.

Поскучал немного, придумал что-то интересное и «вперед», попробовать эту идею реализовать.

Обидчивый монстр часто цепляется, как крючок к тем, кто любит обижаться по пустякам.

Он цепляется и нашептывает: «вот тут время обидеться», «обижайся, а то не пожалеют», «обижайся, может купят все-таки» и так далее.

Если этот монстр посетил тебя, сразу вспомни как много людей рады тебе и любят, вспомни сколько раз тебя угощали и покупали что-то. Подумаешь в этот раз не купили, можно и пропустить этот момент.

Вот увидишь как монстр обиды расстает за пару секунд.

Монстр Обидчивый

Монстр Нехочуха

Да есть и такой Монстр.

Как услышишь «Не хочу, Не буду», знай кто-то сражается с монстром Нехочухой.

Да, ты можешь не хотеть что-то, и надо об этом говорить громко и уверено.

А если твои „нехочухи" растут, как грибы после дождя: «не хочу гулять, не хочу кушать, не хочу спать, не хочу шоколадку, не хочу, не хочу, не хочу…».

Самое время разобраться с этим монстром и поставить его на место.

Так и самое интересное можно пропустить.

О, этот монстр может кого угодно напугать, чему он будет очень рад.

Этот Монстр любит приоткрывать двери шкафов, двери в другие комнаты так, чтобы раздавался скрип. Это сразу привлекает внимание, а монстр и рад.

В этом случае, главное, это взять себя в руки и понять, что скорее всего это был сквозняк, да и чего тут бояться!

Монстр поймет, что его разоблачили и исчезнет.

Кстати, этот монстр дружит с монстром Скрипуном, о нем ты узнаешь в следующей книге.

Монстр Приоткрытых Дверей

Наша экскурсия по галлерее Монстров закончилась.

Надеюсь, ты стал намного смелее!

Будь любопытным, всегда задавай вопросы, спрашивай вслух, твердым и уверенным голосом!

Иногда можно и про себя, конечно, но это иногда.

Вот увидишь, любой Монстр растает, как маленькое облачко.

Удачи тебе!

До новых встреч с удивительными монстрами в третьей книге этой серии!

Спасибо!

Спасибо Лесли Харвуд, Зинаиде Кирко и Игорю Кирко – моим первым читателям и критикам!

Их помощь и поддержка для этого проекта неоценимы!

Вы можете найти больше книг на нашем вебсайте:

WELCOME TO
THE HAPPY STORY GARDEN

www.ingramcontent.com/pod-product-compliance
Lightning Source LLC
Chambersburg PA
CBHW051320110526
44590CB00031B/4412